目次

挑戦を支える日常　7
父・三浦敬三の遺伝子を受け継いで　23
なにが挑戦へと駆り立てるのか　69
生きることと、死ぬこと　93
のこす言葉　108
略歴　109

三浦雄一郎——挑戦は人間だけに許されたもの

挑戦を支える日常

新たな挑戦を控えて

実はかねてより「2018年9月に85歳でチョ・オユー（世界第6座・8201メートル）に登って、山頂からスキー滑降する」という挑戦を計画していました。そのために、ヒマラヤに2回トレーニングに行ったりと準備もしてきました。ところが2018年に入ってチベット登山協会に入山の予備折衝を行ったところ、「75歳以上の登山は禁止」というルールを伝えられてしまったのです。それでやむなく断念しました。

僕には登りたい山がたくさんあるんです。チョ・オユーがダメならばと気持ちを切り替えて、２０１９年１月に南米のアコンカグア（６９６１メートル）にチャレンジすることを決めました。アコンカグアには、１９８５年53歳のとき、世界7大陸最高峰スキー滑降挑戦の最後の山として登頂したことがあり、スキー滑降も成功させています。このときは春で、あまり雪がありませんでした。温暖化の影響もあったんでしょうね。部分的に氷河が残っていたので、そこを滑りました。

なので、アコンカグアへは再挑戦というわけです。そのためのトレーニングとして、7月には南米アンデス山脈に行ってきました。いつも私の挑戦をサポートしてくれる次男の豪太を筆頭に、スキー仲間を募って十数人の小さなツアーを組み、３０００メートルクラスの山々でスキーや雪山登山を楽しんだり、旧友と親睦を深めたりしました。南米はワインも美味しいし、大きなステーキが食べられるのもいいんです。２０１９年、86歳で７０００メートル級の山に登るという、新たなチャレンジを控え、とてもワクワクしています。

スキーの魅力

いまは、東京と札幌の家を行ったり来たりする生活を送っています。２０１８年のウィンターシーズンは時間がかなりあったので、札幌にいるときは毎日のようにスキーで滑っていました。つい2日前まで札幌にいて滑っていたんですよ。北海道は3月に入っても、まだ雪がありますからね。

スキーは、速筋を使います。スピードを出すための白い筋肉が速筋、持久力を発揮する赤い筋肉が遅筋です。スキーの場合はふくらはぎを含めて下半身の筋肉をよく使うんですけれども、午後も滑ろうかなと思っていると、その頃にはもう脚の力が抜けている。一生懸命に滑っているから、体力を使い果たしているんですね。だからいまは、2時間だけ。とはいっても、最近のスキー場のリフトはスピードが速いですから、滑ったらすぐにまた上に上って、2時間で50〜60キロは滑っていますが。

若い連中だって、2〜3日だったら一日中ガンガン滑ることもできますけども、それ以上の日数を滑ると、やっぱり足にきますね。スキーの下りでは体重の3倍から5倍、筋肉に負荷がかかりますから。僕の場合、いちばん重いときにはウェアを含めて90キロくらいの重さで滑るので、相当に足に負担がかかるわけです。カーブでは雪の抵抗でスピードを減速しますけれども、それ以外ではかなりスピードを出しています。

そうですね、スキーのいいところは、面白くて、激しい運動であることですかね。

ながらトレーニングを日課に

80歳を過ぎたら怠け者になってきました。昔は目を覚ましたらすぐに近所を散歩していたんですけど、この頃、行動のスタートはゆっくりめです。

今日は5時頃に目を覚まして、6時半頃にベッドから這いずり出て、テレビを見たり新聞を読んだりお茶を飲んだり。このままではいかんということで、20キロのザックを背負って、10キロの鉄アレイを左右の手それぞれに持って、スクワットを100回くらいやりました。

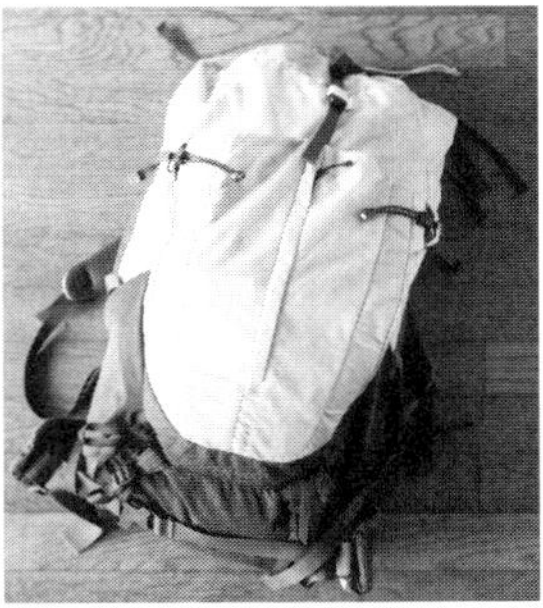

ふだん履いている靴には、片足1・8キロずつの金属の重りが入っています。四国の会社が市販のものを特別仕様でつくってくれて、20年くらいこの靴を履き続けています。パーティでも結婚式でも天皇皇后両陛下にお招きいただいた園遊会でも、この靴。他に持っているのは登山靴くらいで。

さらに、足首にアンクルウェイトも巻いて歩きます。持ってみます？ 結構重いでしょう。これがいいんです。無理に時間をつくらなくても、移動するだけで、いい運動になるわけです。

僕はトレーニングが嫌いなので、日常

生活でこういうことをしています。

都内にいるときには、神宮外苑を散歩したり、千駄ヶ谷から新宿まで歩いたりします。そういうときは、さらにアンクルウェイトの壊れたパーツを入れた20キロくらいの重さのザックを背負います。講演会に行くときも、わざわざこのザックを背負っていくんです。だいたい会場では待ち時間があるので、控え室でこれを背負って30分くらいウロウロと熊のように歩いたりしています。

そして札幌に帰ると毎日スキーをやる。これがいちばんいいトレーニングになっています。

ゼロから進む

体に負荷をかけるときは、ちょっとずつかけるようにするのがいいんです。

僕は60代でメタボ（リック・シンドローム）になったんですね。そのときには息が切れて階段を上るのも大変でした。メタボといっても半端なメタボじゃなくて、そうとうなもので、狭心症の発作を起こしたり、血圧が180以上になったりしていました。加えて、糖尿病予備軍ともいわれて、体のあちこちが警戒レベルを超えて危機レベルになっていた。医者からは「このままでは余命3年」と宣告されてしまいました。身長が164センチで体重が90キロ近くありましたから、なんとかこのメタボを治したいと思っていました。

こうなった原因ははっきりしているんです。50代での飲み過ぎ、食べ過ぎ、運動不足。それなら運動を再開してメタボを治そうと、こう思ったわけです。でも目標がないとつまらない。

ちょうどその頃、僕の父親である三浦敬三が、99歳でモンブランのバレーブランシュという山に登ってスキー滑降することを決めました。父親は若い頃から山岳スキーをやっていて、日本のトップクラスにいました。バレーブランシュでの挑戦を決めてからは、トレーニングのために、一年のうち100日以上、スキーを滑っていました。

どういうことかというと、春になってスキー場の雪が少なくなってくると、まだ雪が比較的残っている青森県の八甲田山《はっこうださん》に行って春スキーをする。ロープウェイで上がって、滑り下りてくるんです。八甲田山の雪が少なくなってくると、今度は日本アルプスの立山へ行きます。8月中旬くらいまで立山で滑って、夏にやっと東京に帰り、11月には海外へ出かけて初滑り。そんな生活でした。

父は東京に帰ってきてからも、朝起きると散歩をしていました。のんびりした散歩じゃなくて、早歩きとゆっくり歩きを交互にするんです。いまでいうインターバル速歩をしていたわけですね。

その頃はまだインターバル速歩なんて言葉はなかったですから、父はこれを本能的にやっていたんです。50歩ずつ、ゆっくり歩きと早歩きを交互に繰り返して、最後は軽くジョギング。1時間ちょっとかけて、やっていました。そして家に帰ってくるとストレッチをして、ゆっくりお風呂に入り、自分で朝ご飯をつくる。そんな生活をしながら、とうとう99歳でモンブランの氷河を滑り降りたのです。

父は90歳から99歳の間に3回、スキーとトレーニングが原因で、骨折しました。普通、90歳を越えて大きな骨折をしたらスキーをやめますけれども、なにせスキーが好きで、スキーのために生きているような人でしたから、3回の骨折もとうとう治してしまって、モンブランの滑降を成功させました。生きる目標がしっかりあれば、大きな病気や怪我も気持ちで乗り越えていけるのだと思いました。

そこでメタボだった僕も父にならい、「70歳でのエベレスト登頂」を目標に設定し、ウォーキングすることから始めたんです。その頃からですね、足首に重りをつけるようになったのは。重い靴を履いたり、重い荷物を背負ったりしていると、体がそれに適応しようとしていくんです。60代からでも体は変えられますし、もっと齢を取ってからだって変えることはできると思います。

いまが最低のレベルと考えて、始めればいいんですよ。焦らずに、いつでも「今日がスタート」と思えばいい。ゼロから進めばいいんです。

体をつくる食事

体づくりでは、山登りやスキーをするための筋力の向上と骨密度、関節を意識しています。そのためには、食べるものも大事ですね。

札幌では妻が料理をつくってくれますが、東京ではひとり暮らし。近くのコンビニエンス・ストアへ行って、サバ缶、納豆、卵、キムチやヨーグルトなんかを買います。サバ缶に卵を2個割り入れて、納豆ワンパックを足して、ゴチャゴチャにかき混ぜます。あとはキムチを添えて、というのが朝飯です。たんぱく質が多めですね。食後にヨーグルトや果物。これくらいの量だと午後1時くらいからお腹が空き始めるので、ちょうどいいなと思ってます。

昼は低酸素トレーニング施設などがある僕の事務所、ミウラ・ドルフィンズのスタッフと近所にカレーを食べに行ったり、夜は会食に出席したり。会食がないとき、夏場は自分でソーメンを茹でたりします。ワカメやネギ、玉葱なんかを添えて。それと、野菜をたっぷり炒めたところに卵を2個くらい放り込んだものを食べます。これを食べたらもう十分。

うちの母親は料理をほとんどつくれない人だったので、小学校の頃から親父と僕とで朝晩のご飯をつくっていました。この習慣がいまでも染みついていて、自分でつくるのは苦にならないんです。

ステーキもよく食べます。近所に肉が安く買える店があって、ごっそり買い込んでおいて、週に2〜3回くらい食べます。でもいちばん食べるのはサバ缶ですね。主食みたいなものです。

食べ物は意識的に選んでいて、やはりたんぱく質と野菜を多めに食べています。あとワカメやヒジキなんかの海藻も毎日食べます。おにぎりをコンビニで買ったりしますけれど、昔からあまり白いご飯は食べませんでした。父親は玄米を主体に、納豆やヒジキをよく食べていました。その影響は大きいですね。

札幌では妻が七分づきご飯を炊いています。僕は本当は玄米がいいんだけど、妻は七分づきがいいみたいです。札幌にいると、仲間と食事を食べに行く機会も多いんです。東京からスキー仲間が遊びに来たときは美味しい鮨屋に行きますし、ジンギスカンや焼き肉もよく食べに行きます。飲み物は緑茶をよく飲みます。粉茶で飲んだり、葉っぱから淹れるときにはお茶っ葉ごと飲んだりしています。

アルコールは、ビールやワインなど。僕は長い間、サントリーにエベレスト遠征などのご支援をいただいていて、送ってくださるザ・プレミアム・モルツをよく飲みます。大きなグラスに水を半分入れて、そこにビールを半分入れて、ハーフアンドハーフにして飲むのが気に入っています。あと、ビールをオン・ザ・ロックにしたり。たばこは吸わないですね。親父も吸わなかったんです。

一見、好き勝手に飲んだり食べたりしているように見えるかもしれませんが、無神経に食べていたら、とっくに死んでいます。僕の出身地である青森県は、濃い味つけのおかずが多いからか、日本でいちばん短命な県なんです。同級生の多くは亡くなったり、体が動かせなくなったりしています。

3つの健康法

僕は、健康法は3種類あると思っています。ひとつは守る健康法、もうひとつが攻める健康法。そして病気や怪我との闘い方。

守る健康法とは、1時間くらいのウォーキングとかストレッチ、ラジオ体操など、日常生活でやるものですね。早寝早起き、バランスのいい食事もそうです。余分なカロリーや栄養を採りすぎないようにしながら、野菜や果物、魚や肉、炭水化物などをバランスよく食べて、健康状態を維持することです。攻める健康法というのは、負荷をかけたトレーニングなどです。歳をとれば、人それぞれ身体は衰えていくものですが、目標を設定してトレーニングを行うことで、体と心を若返らせていく健康法です。

父親を思い返すと、この3つをしっかりやっていました。怪我とも戦って見事克服していきましたね。

父の健康法のひとつに「舌出し体操」というのがありました。90歳くらいになったときから、ときどき舌を出しているのを見るようになりました。口を開けてね。聞いてみると、「舌出し運動はすごくいい」と、こう言うわけです。なにがいいのかと尋ねたら、「日常でなかなか舌を出すことはない。顔のストレッチになるし、しわだって取れるはずだ」と。

僕の同級生で弘前に梅原正年という歯医者がいるんですけど、彼にその話をしたら「それはすごくいい。理にかなっている。口を開け閉めすることで、あごの奥にある大きな神経が刺激されて脳も活性化する」と。舌は大きな筋肉なので、それを動かすことで脳の血流が増すと言うんです。

鹿児島県にある鹿屋《かのや》体育大学に、登山生理学の第一人者である山本正嘉という先生がいて、僕は1年おきに研究室に出かけては、いろいろなテストを受けています。父が97歳のとき、「自分も行ってみたい」と言うので連れていったんです。山本先生は「90歳以上の人がここに来たのは初めてだ」と喜んでくれました。

研究室で軽いステップを踏むなどのテストを受けて、頸動脈にセンサーを当て、脳の血流を測りました。そうしたら、「40代の血流だ」と先生が驚いて。次に僕のテストをしたら、「あれ、お父さんより悪いですね」と言われてしまってね。僕はその頃60代だったんですけど。やっぱり舌出し体操は血流をよくするんだなと思いました。

人間の脳というのは、体のあらゆる器官の中でいちばん血液が必要なんですよ。脳は体重の13分の1しかないのに、我々が普段呼吸しているうちの20パーセントの酸素を消費しているらしいんです。頭の善し悪しは、脳の血流に関係しています。昔から勘の鈍い人のことを「あいつは頭の血のめぐりの悪い奴だ」とか言いますよね。昔の人はそういうことを本能的に知っていたんでしょうね。

そんなことがあったので、僕もいまは毎朝、歯を磨いたあとに、父の舌出し運動を100回くらいやっています。頭がもやもやしているのも、すっきりする。歳を取って舌の筋肉が衰えてくると誤飲しやすくなりますから、その防止にも役立っていると思います。

ほかに毎日行っているのは片鼻呼吸。片方の穴を手でふさいで、ゆっくり深呼吸をしたり、激しく呼吸をしたりします。うっかりすると口を開けて呼吸をしてしまいがちですけど、これをすることで鼻呼吸になります。よく続けられますね、なんて言われることもあるんですが、もっとすごいことをしている人もたくさんいますから。

なんでも習慣にしてしまえば、たいしたことはないんです。休んだりサボったりしても、後悔しないで、気が向いたらやればいい。病気をしたら、習慣どころじゃないわけですから。それに人間というのは飽きますから、思い出したらまたやればいいんです。僕もそうですよ。講演会に呼ばれたときの待ち時間なんかにやっています。

アコンカグアの次は欧州最高峰であるロシアのエルブルース（5642メートル）登

頂を狙っています。またさらに大きなチャレンジをしたいとも考えています。できれば90歳までに、いまの10倍くらいの体力をつけて、エベレストにもう一度登ってみたいなとね。

そのためには、これからもっと足首の重りを増やしたり、ザックの荷物を重くしたりしていきます。段階を踏んで負荷を高めて、体力を少しずつ上げていく。いまから準備して、90歳へ向けてやれるだけやってみたいと思っています。

父・三浦敬三の遺伝子を受け継いで

探究ひと筋に生きた父

父の生涯のテーマは探求。まさに探求ひと筋に生きた人でした。自分が興味を持ったものに関しては、とことん深く入り込んで極めてしまうんです。

スキーも、技術はもちろんのこと、理論も深く研究していました。よく本を読んだり、書き物をしたりしていたのを覚えています。スキー技術をまとめた本を出したり(『回転技術の探究』冬樹社、1965年)、スキー理論に自分が撮影した写真を添えて雑誌に掲載したりもしていました。僕はそれをワクワクしながら読んでいました。
当時は、「うまい奴は道具なんか気にしない」という風潮があったんです。ところが父の場合は、若い頃からスキーの道具にこだわって、いまでいうチューンナップをしていました。世界的にチューンナップが一般化する前から、エッジの手入れをしていたんです。スキー板の滑走面に筋を入れるようなことも、しょっちゅうやっていましたよ。午前中に滑ったら、お昼には必ずチューンナップする。毎日、靴も含めて、よく道具を手入れしていました。

父は日露戦争が始まる頃、1904（明治37）年の生まれです。もともと山岳スキーが好きで、北海道帝国大学に入学してからもスキー部に入っていました。大学を卒業すると、働きながらスキーを続けるために、青森県営林局（現・林野庁森林管理局）に入局します。冬になると大雪でなにもすることがないですから、山の仕事の連中はだいたい酒ばかり飲んでいるんですが、父は八甲田山に入っては樹氷や雪の大斜面を滑ることに夢中になっていました。昔はリフトもゴンドラもない。登りはスキーを担

2004年、父・敬三と

いで登って、下りは滑って下りてくる。八甲田山には101歳で亡くなるまで取りつかれていました。

父は写真にも夢中になっていました。僕がスキー競技をするようになると、よく僕をモデルに雪山で写真を撮りました。写真集も出版しているんですよ（『黒いシュプール——雪山に謳う　三浦敬三写真集』冬樹社、1965年）。そのうちの一枚、雪の八甲田山で撮影した写真は、イタリアのトリノにある山岳博物館のコレクションにも収められています。晩年はニコンやGE、キヤノンといったカメラメーカーの技術屋と仲良くなって、「こんなものが欲しい」と、自分で見本を手づくりして、製品開発のアイデアなんかを提案していました。自分が興味をもったものは、道具も技術も徹底してこだわって研究していました。

権力にもひるまずに

父は軍国主義など偏った考え方が大嫌いでした。戦時中も「こんなバカな戦争では日本は負ける」と言っていました。

極度の近眼だった父は召集されず、岩手県金ケ崎町の六原にあった農学寮で寮長をしていました。農学寮とは、農家の次男や三男を預かって、満蒙開拓団の養成を行うところです。

開戦からしばらく経つと、だんだんと物資が乏しくなっていって、農学寮では、飛行機を飛ばす燃料を採るために、松の木の根を掘り起こして油をつくることが命じられました。次第に農場の仕事よりそちらの仕事の方が多くなってしまって。親父はかんかんに怒って、「こんなことをしているようじゃ、戦争で勝てるわけがない。早く降伏して平和になったほうがましだ」と言っていました。

そうそう、こんなこともありました。父は西洋音楽が好きだったものですから、慰問のために、ある日、東京から藤原歌劇団を農場に呼んだんです。その頃、東京はひどい食糧難。でも農場なら卵や牛乳やバターなんかがふんだんにあるので、歌劇団の人たちも喜んで来てくれました。そして父が用意しておいたピアノで練習して、ときおり農場でミニコンサートなんかも開いてくれました。

しかし、歌劇団を呼んで間もない頃、いきなり憲兵が農場に押しかけてきたんです。「けしからん。西洋の音楽をやり始めるとは。いま日本は鬼畜米英を相手に戦争しているのに、なにごとだ！」と怒鳴って。まわりの連中は捕まるのではないかと真っ青になったんですけど、親父は平然として、「いま聴かせている音楽はドイツとイタリアの曲です。ドイツもイタリアも同盟国です。どうして同盟国の音楽を聴かせて悪いのですか」と言い返しました。そうしたら憲兵は目を白黒させて、それ以降は農場に見回りに来なくなりました。僕は国民学校4年か5年くらいでしたね。結局、歌劇団は終戦まで何度も農場を訪れ滞在していました。

こんなふうに、時の権力者に対しても間違っていると思ったことは平然と口に出していましたから、子どもの自分でさえ、父はいつか捕まるのではないかと思ったくらいです。普段は穏やかで、まったくそんな人じゃないのにね。

同じようなことは戦後にもありましたね。

まだ日本は敗戦コンプレックスを抱えていてね。昭和30年代に入ってから、世界では外向傾を重視するオーストリアスキーのテクニックが主流になり始めていて、日本のスキー界もそれに倣ってオーストリアスキーをお手本にしていたんです。トニー・ザイラーという有名な選手がいて、独特のフォームが特徴でした。この人はオリンピックで金メダルを獲得した後、映画俳優に転向して、『銀嶺の王者』という日本映画にも出演しています。

その頃、日本のスキー連盟がそのオーストリアスキー界の権威だったルディ・マットという元オリンピック選手とクルッケン・ハウザーという指導者を日本に招いて、白馬で講演を聞く機会がありました。2人はフランススキーのテクニックを批判し、オーストリアスキーのよさを話しました。当時、オーストリアスキーはフランススキーと対立していて、なんとか世界でオーストリアスキーのポジションを高めたいという思惑があったんだと思います。

その講演の最後に、父は彼らにこう尋ねたんです。「こういうフォームでどうやって山岳スキーを滑るのか。こんな格好じゃ、とうてい滑れない」と。そうしたら日本のスキー連盟幹部はみんな青ざめてしまって、「スキー界の権威に向かってなんてことを言うか、無礼者」みたいな雰囲気になってね。それでも父はひるまずに、「スキーは平らな斜面を滑るだけじゃないんだ。どこでも滑れなければいけないし、どこでも滑れた方が安全だろう」と、こう言いました。実際に父自身は、どんな斜面でも滑ることができましたから。

オーストリアスキーの2人の選手はそれを聞いて、「競技と山スキーは違う」と言い出しました。すると父は「競技と山スキーが違うのなら、なんで一般のスキーヤーまであなた方のような滑り方を真似しなきゃいけないのだ。これはひとつの矯正法だ」と言い出したんです。

このときの父の想いが、のちに「デモンストレーター」という制度につながります。昭和40年代になってからだったと思いますが、八甲田山にある酸ヶ湯《すかゆ》温泉で、スキー連盟の幹部と合宿をしながらスキー教程の原案をつくっていたときに、父が「オーストリアスキーもフランススキーもいいけれど、日本でもがんばっている選手がいる。彼らの滑りをもとにして、日本の技術を高めた方がいいんじゃないか」と提案したんです。それで、滑走技術の模範となる指導者を育てようと、スキー技術を検定するデモンストレーター制度が生まれたのです。

こんな感じで、父は権威に対して平然と立ち向かっていくところがありました。自分が正しいと思ったことに対しては、たとえ相手が誰であろうと批判するし、自分の考えを伝える人でした。そんな父に対して、僕は、反発はしなかったですね。いつも親父の熱心さに感服していましたから。いい影響を受けています。

反骨精神は息子にも

そういえば、親父の気質は、僕の次男である豪太に受け継がれていますね。僕らの子どもの頃はスキーでターンするとき、外側の足で操作をするのが基本だったんですが、ある大学の教授が内側の足で操作するのがいいと提唱し始めました。それ以降、内足操作が主流になって、怪我をする選手が増えていったんです。

そうした流れに対して豪太はずっと疑問に思っていて、あるとき、スキー連盟が開催する指導員向けの研修会で、「いまの指導方法はおかしい」と発言しました。豪太と同じように考えているスキーヤーも多かったようなんですが、スキー連盟に楯突く人はなかなかいません。でも豪太はスキー連盟の偉い人たちに抗議しました。そして、長年彼が連載している日経新聞のコラムにもその話を書いたら、大きな反響を呼びましてね。組織というのはどうしても権威がつきまとう。いつの時代も、下から上にものを言えない空気があります。

僕にも同じような経験があります。

１９６４年、イタリアの「チェルビニア・キロメーターランセ」というスピードスキーの競技大会に、日本人で初めて出場しました。そのとき、スキーのストックに付いているリングに手を加えたんです。通常の20センチくらいあるリングは空気抵抗が大きかったので、何とか小さくできないかと、日本の航空研究所でスピードスキーの研究をして、最小限リングに必要な大きさを見つけ出していました。それが、直径5～6センチ。プラスティックに穴をあけてオリジナルのリングをつくり、ストックに付けて行きました。練習日が3日くらいあったので、滑っていたら、みんな僕のストックを珍しがって見に来るわけです。そうしたら大会前日、急に「ストックのリングは20センチ以上でないと認めない」という競技ルールができてしまって。他の選手が告げ口をしたんでしょう。それで、会場にいた運動具屋のおやじさんに頼んで、急いで針金で20センチのリングをつくってもらいました。

参加は認めてもらえたけど、そのまま滑るのも悔しかった。当時の僕は実績もなにもなかったけれど、スピードスキーは時代の科学の先端を行くべきだと、そう思っていたんですね。それを世界のスキー連盟の役員たちに向かって、下手な英語で堂々と話しました。

偉そうなことを言ったら結果を出さないとみっともないですから、必死に滑って、時速172・084キロという世界記録を打ち立てました。32歳のときです。

この一件以来、スキーレーサーがストックに付けるリングの直径はぐっと小さくなっていきました。

どんな分野でも超一流になるためには、その時代に当たり前と思われている何かを越えていかなければいけないと思うんです。道具でもトレーニング方法でも。そういう意識が、僕の、何歳になっても高い山に登ってやろうというモチベーションにつながっているんでしょうね。

もちろん、これまでを振り返れば、壁だらけでした。それでも、技術も道具もトレーニングも、常にその時代の主流より少し先を走っていた気がします。もちろん何もかも自分の理想どおりに調子よく進んだことは滅多になかったけれど、たまにラッキーにも世界記録を更新したり、80歳でエベレストに登れたりといったことが起こる。面白いもんです。

父に誘われた初めての大冒険

スキーを始めたのは、本当に小さい頃からです。

父親の仕事の都合で、青森市役所のすぐ近くに住んでいました。青森駅からまっすぐ海に向かったところにある繁華街です。冬になって雪が降ると、当時は除雪車なんてないですから、馬そりで移動していました。

2階建てのけっこう大きなうちに住んでいて、屋根の上まで雪が積もると、雪下ろしをやる。すると屋根から庭まで、雪の斜面ができていくんです。近所の子どもらもワイワイうちに集まってきて、竹を割ってわら靴に付けて板がわりにして、滑って遊びました。

青森スキー製作所（現・株式会社ブルーモリス）というスキーメーカーがあって、父

スキーに夢中だった小学生時代

は、スキー道具をつくる指導もしていて。子ども用に小さいスキーをつくってくれて、僕もそれを履いて滑っていました。昭和初期の時代ですから、子ども用のスキーなんてまだ世の中にあまりない頃です。

僕の人生最初の冒険は、冬の山越えスキーでした。

国民学校3年生の頃（1941年）、父の仕事の都合で、僕らは仙台郊外の山の中にある愛子《あやし》というところ住んでいました。通っていたのは小さな学校で、全校生徒はたった25人。のどかな雰囲気のなか、みんなで崖や木を登ったり、川に潜ったり、遊び放題でした。ただ、仙台は寒いだけでほとんど雪が降らない。雪のない冬はこんなにつまらないものかと、それだけが残念でした。

僕はこの学校で楽しく過ごしていたのですが、両親には、田舎の学校で勉強が遅れてしまっていると見えたようです。当時、中学校は義務教育ではなく、試験を受けなければいけませんでしたから、このままでは合格できないと思ったのでしょうね。

そこで、両親は、4年生から、僕を仙台の師範附属小学校（現・宮城教育大学附属小学校）に転校させたんです。だけど、相変わらず勉強もできないし、厳しい学校の雰囲気にまったく馴染めない。愛子の学校とは、まるっきし違いましたから。おまけに、最初は汽車通学だったのに、それでは勉強時間が少なすぎるからと、町なかにある同級生の家にひとり下宿することになったんです。親もとを離れて、慣れない環境のなか、勉強のプレッシャーをかけられる。八方塞がりの気分でした。

2学期に入り、下宿の甲斐があったのか、ようやく成績が上がってきた頃に、体に異変が出始めました。咳が出て、脈も乱れて、熱が引かない。初めのうちは風邪かと思っていたのですが、あまりに続くので、とうとう入院させられました。病名は結核性肋膜炎でした。

学校に行かなくて済んだのは正直言って嬉しかったんですが、寝ているだけで、何もできない。当時の言葉でいうなら「非国民」です。だんだんと後ろめたい気分にもなってくる。父は毎日病院に見舞いに来てくれていて、そんな僕の元気のない様子を見ていたのでしょう。ある日、「病気が治ったら、蔵王《ざおう》に連れていってやる」と、こう言ったのです。父は東北帝国大学医学部山岳部のコーチを当時任されていて、蔵王のドッコ沼で合宿をすることになった、と。その話を聞いた途端、僕は「病気なんてしている場合じゃない」と奮起して退院し、その合宿について行きました。吹雪の山道をフラフラになりながら、父のあとをついて登っていきました。病み上がりの体で、そんなことができたのは、久しぶりにスキーが滑れるという嬉しさがあったからでしょう。無事に登頂し、樹氷が美しい蔵王で10日ちょっと夢中になって滑りました。

その後、山形蔵王から仙台までスキーで滑り降りる山越えをしたのです。小学生の僕にとっては、これは命がけでした。猛吹雪のなか、熊野岳に登り、刈田岳《かっただけ》の大斜面を滑り、峩々《がが》温泉まで進むという縦走。山岳部のお兄さんたちについていかなければならないので必死で。朝、薄暗いうちに出発して吹雪の中で山々を越え、峩々温泉に着いたのは夕方でした。辿り着いたときには「生きて帰ってこられた」と思ったほど。

峩々温泉の旅館の主人に「子どもがよく大学生と一緒に吹雪の山を越えてきたもんだ」と褒められましてね。それがすごく嬉しくて。凍傷でほっぺたが真っ黒になってしまっていたので、驚かれましたけど。

この経験をしたことで、それまで嫌だった学校が急に楽に思えるようになったんです。あれほど苦しいことを自分は乗り越えてきたんだからと、自信が持てるようになりました。それは、教室でどんな教育を受けるよりも、大きな経験でした。山越えスキーのおかげで、自分が悩んでいた学校は小さな世界にすぎなくて、外にはもっと面白い世界が広がっているんだということが実感できたんです。まあ、このあとに特別勉強ができるようになったわけではなかったんですけどね。

子どもの頃から、冒険というか挑戦というか、そういうことは好きだったんです。

女中2人と嫁入りした母

国民学校5年生の2月に、父親が仙台から岩手に転勤しました。翌年、6年生になった夏に、戦争が終わりました。僕は小学校を卒業し、黒沢尻中学校（現・黒沢尻北高校）の試験を受けました。健康診断もあって、僕の胸に聴診器をあてた医者が「心臓の音がおかしい」と言ったのです。結核性肋膜炎の影響があったのかもしれません。それで見事に落ちてしまった。僕のほかにもう1人落ちた子どもがいましたけれど、とにかく恥ずかしくて。しばらくは町を歩くこともできずに家にこもっていました。朝ご飯を食べたら押し入れに入って、寝るか本を読むかという毎日。それでも1週間もすると飽きてくるものです。ゴソゴソと押し入れから出てみたら、母親が「雄ちゃん、あんた中学校を1回や2回落第したくらいで、何をくよくよしているの。あんたのおじいさんは1回落第したら4年間浪人しなきゃならないんだから」と言うんです。母方の祖父は国会議員をやっていたもんですから、そんなことを言うわけです。さらに母親は、「子どもの頃にそういう経験をした人の方が大物になるから」と笑って、エジソンの伝記を渡してくれて。気が楽になりました。

変わった母親だったんですよ。実家は八甲田山の東側の土地を所有する地主で、父親は国会議員。小泉辰之助といって、大正天皇の前で酔っ払って裸踊りをやったとかいう豪快な伝説のある人で（笑）。そんな父親の選挙を娘時代から手伝っていたので、母も腹が据わっていたんでしょうね。

そういえば、祖父について、こんな話を聞きました。1902（明治35）年に八甲田山で大規模な雪中行軍遭難事故がありましたよね。190名以上が亡くなった事件

母方の祖父・小泉辰之助と

で、高倉健さんと北大路欣也さんで映画にもなりました。その遭難事件が起こったとき、祖父は村長をしていたんです。事故前、雪中訓練の話を聞き、青森歩兵第５連隊の本部に出向いて、「八甲田は大きな山じゃないけど吹雪いたら恐ろしい。猟師も炭焼きもいるから、先導させますよ」と忠告したそうです。ところが連隊長は「おまえらみたいな百姓には世話にならない」と言ってはねつけた。次の日の夜、大遭難が起きたんだそうです。

僕が言うのもなんですが、母はお嬢様育ちでした。父と結婚したとき、女中さんを２人連れてきたくらいですから。父は多趣味で、スキーだけでなく、北海道帝大では交響楽団を創設してバイオリンも弾いていて、スポーツも芸術も好きだったんですね。結婚してからは、スキーでもカメラでも、常に一流の道具を手に入れていました。どうやらその度に、母はお金を工面していたようです。お嫁に来たときに持ってきた着物や宝石を売っていたのでしょう。僕はその頃は知らなかったんですけど、母が亡くなってから父が「むつには随分世話をかけた」と言っていましたね。

父のお伴で山スキー

　僕は1年浪人し、無事に黒沢尻中学に入学しました。ですが、1年生の途中に、父が東京の聖蹟桜ヶ丘にあった農林省の中央研修所に所長として赴任することになってね。千歳烏山《ちとせからすやま》にあった府立十二中（後の千歳高校）に転校することになりました。当時の同級生には、後に無名塾を主宰する俳優の仲代達矢さんや日産自動車の社長を務めた塙義一さんなんかがいて。

　親父は、副所長の中村亘さんという京都大学山岳部出身の山男と、2人でしょっちゅう山スキーに行っていました。夏になると、北アルプス穂高《ほたか》にある涸沢《からさわ》の雪渓で合宿です。そこに僕も連れていってくれました。軍隊用のスキーを短く切ってくれて。『日本百名山』の著者・深田久弥《ふかたきゅうや》さんの親友で、山川雄一郎さんという画家で登山家の人が来ていて、僕はこの人からピッケルを借りました。中学生でまだ背が低かったもんですから、大人用のピッケルが大きすぎて、持つとツルハシみたいでした。北アルプス合宿以外にも、父のお供で白馬を縦走したりして、どんどん山の魅力にはまっていきました。

子どもの頃から、親父は僕にスキー技術の話はしませんでした。でも家に集まる大人たちがスキー技術を論じていて、それをそばで聞いていました。


僕には弟が2人、妹が1人います。弟2人は北大に進み、勤め人になりました。妹は僕の同級生のつくり酒屋の息子と結婚しました。弟は2人ともスキーをしていましたけど、選手ではなかったですね。下の弟は陸上競技にも取り組んでいました。父は学生時代に陸上もやっていたので、その影響かもしれませんね。

家の中には文武両道の空気があって、僕も小さい頃から本はよく読んでいました。とくに好きだったのは、吉川英治の『宮本武蔵』で、夢中になって読みました。あとはラジオで聴く浪花節。これはいまでも好きです。

競技者になる覚悟

初めて出場したスキー大会「岩木山弾丸滑降」

中学3年の夏の終わりに再び青森に引っ越します。太宰治が出た旧制青森中学校（現・青森高校）に転入し、ここで、生まれて初めてスキーの大会に出場しました。「岩木山弾丸滑降」という勇ましい名前の大会です。岩木山の山頂から滑って、岩木神社の鳥居がゴール。中学生でしたけど、高校生の中に入って優勝してしまった。それ以来、青森県のスキー連盟が、僕のことを「有望選手、現る」みたいな扱いをするようになってね。
それから新制弘前高校に転入します。地方の文化人のたまり場みたいなところで、すごくよかったですね。ここから一

北海道大学獣医学部の頃

気にスキー競技にのめり込んで、オリンピック出場を目指すようになります。高校2年のとき、全日本選手権の滑降で2位に入賞。「オリンピックに行ける」という自信を持ってしまいました。これがいけなかったんですね。それ以降は調子が狂ってきて。青森の大会では優勝しても、全国大会ではスピードオーバーでコースアウトしたりして。とうとう北海道大学獣医学部に進学するまでずっと戦績は振るいませんでした。

北大の学部を卒業してからは、獣医学部薬理学教室の助手になりました。もともと僕は大学院に進学するつもりだったんですが、たまたまその年に助手を募集していて。学生時代にアルバイトで医学部の血液分析をしていたんですけども、分析精度が高いと評判で、それで助手として呼ばれました。ちょうど東大から新しく助教授を迎えるということで、その人の下につくことになりました。国立大学は年功序列ですから、その先生の下につけば27歳くらいで助教授になれる。まあ、レールに乗ったわけです。

でも1年間、助手を経験してみて、「これは俺の世界じゃない。もう一回スキーをやってみよう」と思うようになりました。スキーを諦めきれなかったんですね。それで、俺はスキーで生きるんだと決めて、無職になることにしました。妻と、結婚したばかりだったんですけどね。

妻との出会いですか？　それは北大時代です。大学入学を控えた冬、札幌の手稲山《ていねやま》にあった「パラダイスヒュッテ」という山小屋で行われた北大スキー部の合宿に参加しました。その頃は競技スキーも山スキーもごっちゃで、山スキーの連中はみんな合宿にガールフレンドを連れてきていました。ませていたね（笑）。

その中であぶれていた女の子が、妻の朋子でした。話をしてみたら学長秘書をしていると。それから仲良くなって、学長がいないときに学長室に遊びに行くようになりました。こっそり学長の椅子に座ったりして。

朋子も、北海道で一、二番の女子スキー選手だったんです。全日本選手権で3位に入賞したこともあります。父親は北海道神社の宮大工の棟梁で、円山公園の近くにとても大きな家を構えていました。そこに北大の学生たちとよく遊びに行っていました。

僕が助手をしていた頃に学長に仲人をしてもらって、札幌ビール園で結婚披露宴をしました。仲間からはお祝いにテントをもらいましたね。

1年足らずで助手を辞めると言い出したとき、妻は「そうね、辞めた方がいい。あなたみたいに奔放にものを言うひとはアカデミックな世界は合わないから」と、こう言いました。彼女はスキーの世界も、学者の世界も知っていましたから。

仕事がなくなって、じゃあどうしようか。こうなったら2人でオリンピックに出場しようと思い立ち、青森県に戻って、八甲田山でガイドをしながら練習に明け暮れました。そして翌年、青森で開催された日本選手権の予選大会に出場、優勝しました。ところがここで、僕はスキー連盟と大喧嘩してしまうんです。

この大会の上位入賞者が日本選手権へ出場できるはずだったんですが、出場枠は4人なのに、選手は2人しか連れていかないと言うんですね。僕ともう1人だけだというわけです。残りの2人は、八甲田山のガイド仲間でしたから「なぜ連れていかないのか」と偉い人たちに尋ねたら「お金がない」と。「それなら僕ら2人が、あとの2人分を半分ずつ出し合うから、一緒に連れていってくれ」と言ったところ、「生意気だ」と。「選手の分際で役員の決定したことに文句をつけるなんて、スポーツマンにあるまじき行為だ」とスキー連盟の人たちは怒り始めました。

騒ぎが起こったら不思議なことに、みかんとかりんごが役員めがけて飛んでくるんですよ。普段から役員に対して不満を抱いていた人がたくさんいたわけです。それで閉会式が滅茶苦茶になって中断してしまった。

中断から10分くらい経ったら、突然「緊急発表。三浦雄一郎のアマチュア資格を剝奪し、日本スキー界から永久追放する」と告げられました。会場は騒然となりました。取材に来ていた新聞社の人たちは「選手への人権侵害だ」と言ってくれましたけど、結局は日本選手権にも出場できなくなりました。

思わぬかたちで選手生命を断たれ、オリンピック出場の目的を失ってしまったわけですが、後から思うとこれが大きな転機でした。あのとき、お偉いさんの言う通りにいい子でハイハイと日本選手権に出場して、運よくオリンピックに出場できたとしても、おそらくろくな成績は残せなかったでしょう。

居候から始まった結婚生活

オリンピックの目標を失って、それならば新しいことをやってみようと、妻と東京行きを決めました。「俺ら東京さ行ぐだ」ってなもんです。

東京に来てからは、妻は新宿の洋装店でアルバイトをして、僕は蔵前《くらまえ》にあった「エバニュー」というスキー用品や登山用具を扱う会社に入社しました。

そこに芳野満彦という登山家がいたんです。新田次郎の山岳小説『栄光の岩壁』のモデルになった人物です。彼は高校時代に八ヶ岳で遭難して、相棒はそのとき亡くなったけれど、自分は凍傷で両足の指を失いながらも生き延びて、日本人で初めてマッターホルン北壁に登頂した人です。絵と文章が上手くてね。この部屋（事務所のサロン）に掛けてある油絵も彼が描いたものなんですよ。

僕が荷物を担いで、芳野さんとよく一緒に山に登りました。彼を通じて、奥山章や高田光雄といった登山家の連中とも知り合いました。

その頃の住まいは六本木。といっても居候《いそうろう》ですよ。福原健司という山岳カメラマンで映画プロダクションの社長が六本木に大豪邸を構えていたので、その物置に夫婦で住まわせてもらいました。しばらくして、大塚にある四畳半プラス台所のおんぼろアパートに引っ越しました。

エバニューでは芳野さんが登山用具の開発テスト、僕はスキー用品の開発テストをしていて、社長にも好き勝手なことを言っていました。製品に対する僕らの意見をよく聞いてくれる、いい社長でした。

販売促進の仕事もしました。当時エバニューでは、山岳映画の輸入もしていたんです。まだテレビがほとんど普及していない頃ですから、夏は「山岳映画の夕べ」と題して全国巡業の上映会をしていました。会場は公民館や体育館を使っていました。夏と冬に上映するんです。けっこう流行っていましたよ。

芳野さんは足が悪いから、僕が上映機材を全部担いで移動して、駅の階段を上り下りしていました。これがいいトレーニングになってね。あるとき、社長から「今度これを売り出すんだ」とローラースケートを渡されて、いきなりその日の夕方に茨城の会場でローラースケートを履いて挨拶したこともあります。もちろんやったことなんてなかったから、上野駅からずっとローラースケートを履いて練習して、なんとか本番にこぎつけて。

エバニューでは臨時社員という扱いだったので、冬は新潟や福島でスキーを教えて、夏は北アルプスの立山で歩荷《ぼっか》の仕事をするという生活を4年くらい送りました。

歩荷は、登りは数十キロの荷物を担ぎますけど、帰りは空身で軽くなっていますから、走って下りていました。いまでいうトレイルランニングですね。雷鳥沢の小屋で昼寝して、一ノ越から立山三山を巡って、雷鳥沢を走ったり。昔の忍者や天狗になったような気分でした。

「プロスキーヤー」への挑戦

かつかつの貧乏暮らしでしたが、僕を支えてくれていたのは、スキーと山を愛する気持ちでした。これだけは、誰にも負けない。愛するスキーと山に関わり続けていれば、この先の人生も、きっと面白いことがあるはずだ、と。

客観的に見れば、30歳手前で、結婚もしているのに定職にも就いてないし、日本スキー連盟とは絶縁中だし、といいことはひとつもないんですが、不思議と悲愴感はありませんでした。

そうした前向きな気持ちでいたのがよかったのかもしれませんね。ある日、たまたまスポーツ新聞で、アメリカでプロスキーの世界選手権が開催されるという記事を見かけたんです。日本にはプロスキーヤーはいないけれど、世界に出ればプロスキーヤーという道がある。「これだ！」と叫びたい気分でしたよ。勇んで主催する世界プロスキーヤー協会に、下手な英語で経歴を書いて申請書を送ったところ、エントリーを認めてくれたのです。

こうして僕は日本で最初のプロスキーヤーになったんです。1961年、29歳のときでしたね。

アメリカ・プロスキー選手権に挑戦を始めた頃

長女・恵美里のこと

長女の恵美里《えみり》が生まれたのは、僕がプロスキーヤーになったのと同じ1961年です。プロスキーヤーになったといっても、歩荷とスキー講師の仕事を相変わらず続けている状態で、出稼ぎ暮らし。恵美里が生まれたときも、新潟にいて、汽車のお金がなくてすぐに東京に戻れないような状態でした。

たまに家に帰るとたいてい知らない客がいました。というのも、当時、まだ珍しかったトランポリンが家にあったからです。都内の運動展示会で見かけて一目ぼれし、庭の松の木を切り倒して、そこにトランポリンを置いて。忍者屋敷みたいでしたね。個人の家でトランポリンを所有するのは日本では初めてだったらしくて、明治大学や早稲田大学の体操の選手が練習に来たりしていて、僕がいなくても家はにぎやかでした。

恵美里が生まれた翌年から、本格的に世界各地のサーキットレースを転戦し始めました。命がけでレースをして、資金が尽きると日本に戻る。日本では、スポンサーを探して、資金が集まると、またレースに発つ。結果も出始め、だんだんとプロスキーヤーとして名前が売れるようになっていて、1966年に長男の雄大《ゆうた》が生まれた頃には、本を書いたり講演会を行ったりするようになっていましたね。山と溪谷社のスキー雑誌の表紙になったり、雑誌で連載をしたり。あの頃に書いた文章は勢いがあったな。いまはとても同じようには書けない。文藝春秋の『漫画読本』にも連載していました。もともと開高健さんが連載していて、その後任を仰せつかって2年くらい書いていました。ネタは山とスキーのバカ話です（笑）。

暮らしは楽になっていたものの、忙しくて家にいないのは変わらないので、子どもとはたまにしか会わない。だから、「お父さん」と呼ばれるのが照れくさい。それで「親分」と呼ばせていました。これがちょっとした事件になったんです。

近所の駅前デパートに本屋が入っていて、そこで立ち読みしていました。そうしたら遥か向こうの方から「親分、親分」という声が聞こえるんですよ。雄大が迷子になって、叫んでいたんですね。店にいた大人たちが雄大を取り囲んで、「親分って叫んでいるけど、やくざの子じゃないの」と噂して。

恵美里も同じようなことをしでかしています。鎌倉に引っ越した頃のことです。近くにあった湘南白百合学園の小学校に3年生になる恵美里を転入させようと、山から帰ったばかりのトレーニングパンツと下駄という姿で保護者面接に行きました。そうしたら怪しまれてしまって。案の定、転入試験に落ちました。

次は清泉小学校を受けることになって、そのときはさすがに僕もネクタイをして面接に臨みました。校長先生に「うちの方針として小学校には一年の半分しか通わせない。学校より面白いことがありますから」と言ったら、校長先生がとても寛容な人で

「それもいいですね」と認めてくれて、恵美里の入学が決まりました。

入学したのはいいけれど、転校の挨拶でいきなり恵美里が「うちには親分という人がいます」と同級生の前で言って先生たちを驚かせました。あとから恵美里は先生に注意されたらしくて、それ以降は「お父さま」「お母さま」と呼ぶようになりました。

いい学校でしたよ。実際に恵美里は、年の半分は家族でヒマラヤなどの海外登山をしたり、スキーの大会に出場したりしていました。

そうして恵美里が小学校を卒業するころになって、そろそろアメリカに留学させようと考えました。当時、日本の女子スキー選手は弱かったので、なんとか世界に通用するオリンピック選手にしようと思ってね。僕がアメリカでプロサーキットレースに参加したときに仲良くなったアメリカのプロスキー選手で、山岳スキーの第一人者テッド・ジョンソンの家族が恵美里の面倒を見てくれることになったんです。テッドはユタ州にあるスノーバードというスキー場を経営していたので、預けるには最高の環境でした。そして、小学校を卒業したばかりで英語のＡＢＣもまだ書けない恵美里を、ローランドホール学院という学校に入学させました。ここはエリート教育を行うところで、成績が悪いとスキー大会にも出られない。恵美里は、ジュニアの全米大会に出場し、勉強も頑張っていました。

高校を卒業する前、テレビの仕事の話が舞い込んで、恵美里は3ヶ月くらい学校を休み、ハワイから南太平洋をヨットで回ってリポートする仕事をしたんですよ。この経験が役に立ったのかな。卒業後、ボストンにあるマスコミ関連の学校に入りました。

恵美里が留学して間もなく、僕がエベレストをスキーで滑った様子を撮影した映像作品がカナダの映画会社に買われました。『THE MAN WHO SKIED DOWN EVEREST』という作品で、1976年のアカデミー長編ドキュメンタリー映画賞を受賞したんです。受賞のお祝いで、当時のカナダのピエール・トルドー首相が僕ら一家を一冬、カナダに招待してくれて。そのときの印象がとてもよかったので、その後、恵美里はバンクーバーのブリティッシュコロンビア大学に編入しました。

12歳で家を出て、大学以降もずっと国内外で仕事をしていましたが、僕が70歳でエベレストを登ると言い出し、その手伝いをするのに日本に戻ってきました。今は、ミウラ・ドルフィンズの代表をしながら、僕のマネージメント活動全般を担ってくれています。恵美里がいなければ、僕の挑戦もできないと言ってもいいくらい。三浦家の司令塔を務めてくれています。

留学で逞しくなった子どもたち

恵美里の後に生まれた長男の雄大《ゆうた》は、小学校4年生のときにフランスの学校に入れました。その学校で、スキーは上手くなったけれど、フランス語も日本語も中途半端になって、勉強しなくなっちゃって。結局、帰国させて、札幌の盤渓《ばんけい》小学校に入れました。その後に円山の向陵《こうりょう》中学校に進学したんですが、日本語がまだあまり上手くできなかったものですから、夏休みになると、母校の盤渓小学校に用務員の助手として預かってもらいました。学校の手伝いや畑仕事などをして、図書館で本を読んで過ごす。それで日本語をようやく覚えました。

雄大は13歳になってから、今度は自分の判断で、アメリカに留学しました。勉学に励みつつ、全米ジュニアオリンピックのレースで入賞したり、回転と滑降の日本代表になったり、スキーヤーとして活躍していたのですが、ひざの怪我で、選手生活を終えることになりました。

今はKDDIでセキュリティーの仕事をしていて、僕が大きな挑戦をするときは会社を休職して同行。通信担当として、ベースキャンプで気象情報を収集したり、日本との通信環境を整えてくれたり、頼もしいサポートメンバーを務めてくれています。

次男の豪太《ごうた》が生まれてからは、ひとりくらい日本で教育を受けさせたいと思っていたんですよ。ところが、あるとき豪太が、「僕だけどうして海外に行かせてくれないの？」と、柔道着を抱えて家出すると言い出したんです。香港に行ってジャッキー・チェンの弟子になる、と。映画を観て影響を受けたらしくて。

姉も兄もスキーで成績を残していたので、「そんなスキーのレベルじゃ、海外に行く資格はない」と言ったら、急に練習し始めました。それで、モーグルの日本選手権で4位に入ったんです。続くオーストラリアの大会でも4位に入賞して。そうなると行かせないわけにいかないですよね。

アメリカに留学させることが決まり、映画『トップガン』のモデルになった空軍将校がホームステイを引き受けてくれるというので、お世話になることにしました。ただ、あまりに勉強がひどかったので、英語や数学のスペシャリストを家庭教師につけました。

その後、豪太はオリンピックに2回出場して（94年リレハンメル、98年長野）、スキー選手を続けながらユタ州立大学を9年かかって卒業しました。卒業式に妻と出席したところ、その年の最優秀学生として豪太が壇上に呼ばれました。豪太は驚いて、壇上で宙返りしていましたよ。

卒業後のインターンシップ先として、ホワイトハウスのトレーナーのお誘いがあったんですが、ちょうどその頃、僕が70歳でエベレスト登頂を目指すと決めていたので、それを豪太に告げたら「俺も行く」と言い出して。結局、ホワイトハウスでの仕事を断って帰国しました。無事に僕の最初のエベレスト登山が成功した後は順天堂大学医学部で勉強して医学博士号を取りました。

思い返すと、僕は子育てについてはまったくの放任主義でしたね。共通しているのは、三浦家の家業ともいえるスキーをやらせたことと、留学をさせたことぐらいかな。留学は、必然的に家を出て、親と離れることになる。そういった環境にいること自体が、新しい挑戦になります。3人ともそれぞれに苦労をし、進んだ道は違いますが、自分のやりたいことを今も追い求めている。そんな子どもたちです。ずっと離ればなれでいたのに、僕の70歳でのエベレスト挑戦をきっかけに、家族がまた集まり、共に仕事をするようになりました。

次の世代のために

僕は25年ほど前から、北海道・深川市に本校があるクラーク記念国際高等学校の校長を務めています。ここは、神戸で「エディック」という学習塾を経営している大橋博さんが、優秀な子どもたちが何らかの事情で不登校になることを知って、なんとかしたいと1992年に創設した広域通信制高校で、全国にキャンパスがあります。大橋さんの考え方に賛同したところ、校長を仰せつかりました。「僕は学校にはいないよ」と言ったら、「それがいいんだよ」と言ってくれて。生徒100人ほどでスタートし、いまは1万2000人が学ぶ学校にまで成長しました。

不登校の子どもたちには、いろんな理由があります。最近は生徒同士のいじめだけではなくて、生徒をいじめる先生までいます。友だちもいなくて、学校に行きたくないという子どもたちが全国にはたくさんいます。

クラークでは小学校の勉強から教えることもあります。先生が一緒になって学力を底上げしていくのです。中学校を数日しか行かなかった子どもたちでも、中には、クラークに入って3年間、無遅刻無欠席を通した子もいます。

進学率は公立高校よりもよくて、一流の大学や海外の大学へもたくさん進学しています。かつて通っていた中学校の先生が知ったら信じられないような変化ですよ。人間というのはチャンスを見つけて、やる気さえ出せば、いつだって人生を大きく変えることができるんです。

僕自身だって、65歳くらいのときには、中高年の落ちこぼれだったんですからね。山なんてとても登れる状態じゃなかった。人間、やる気と継続する力があれば、人生を変えていけるんです。

東京の千駄ヶ谷にある僕の会社ミウラ・ドルフィンズは、志賀高原で始めたエバニューのスキー学校がもとになっています。僕のスキーチームの名前がスノードルフィンと言いました。「鳥が空を飛ぶように、イルカが自由に海を泳ぐように、雪山を滑りたい」という想いで名付けたのです。札幌にあるスキースクールの名前は今でもスノードルフィン・スキースクールです。もちろん海も大好きで、一時はプロのダイバーになろうかとも考えていましたが、鼓膜を3回くらい破ってしまって、ダイバーの道は諦めました。

ミウラ・ドルフィンズの3階建てのビル内には低酸素ルームがあって、高所登山を目指す人たちがたくさんトレーニングに来ています。

低酸素ルームを設置したのは、鹿屋体育大学の山本正嘉先生のもとを訪れるようになってからです。先生の研究室に低酸素ルームがあって、エベレストを目指していた僕は何度もそこに泊めてもらいました。部屋の中で何時間か過ごして、高所に慣れる体にしていくんです。高所訓練としてしょっちゅうヒマラヤに行ければいいですけれど、時間もお金もないですからね。

この物件を手に入れたのは15年ほど前。70歳でエベレストに登頂した直後です。もとは小さな私学の高校の別館として使われていた建物で、地元の不動産屋の友だちが、物件が売りに出た途端に教えてくれました。エベレストへの挑戦を続けるために、低酸素トレーニングルームをつくったのですが1人でトレーニングするんじゃつまらない。せっかくならば仲間の登山家や高所登山を目指す一般の人たちのトレーニングにも利用してもらえればと思い、開放することにしました。富士山やキリマンジャロに行きたい登山愛好家にも活用してもらえますし、呼吸法や高山病の対処法を指導することで未然に山での事故を防ぐこともできます。

国立スポーツ科学センターなどにも低酸素ルームはありますが、そういう施設はアスリートだけが使用できます。誰でも気軽に利用できるようなトレーニングルームは、個人施設としては日本で初めてです。

豪太がこの低酸素ルームの所長を務め、鹿屋体育大学の山本先生のもとでスポーツ生理学の修士課程を修了したスタッフが3名在籍しています。高所へ出かけるテレビのクルーやタレントさんたちにも使ってもらっています。

札幌では手稲山でスキースクールを開講しています。2017年にデナリを滑った佐々木大輔君はうちのスクール出身です。ほかにも、世界で活躍するスキーヤーが育っています。長野オリンピックでモーグルの金メダルを獲った里谷多英《さとやたえ》さんも子どもの頃から手稲で滑っていました。

どんな分野でも、目指すのは世界のトップ。僕がとくに何かを語ったりすることはないんですが、知らず知らずに彼らが僕の後を追いかけて、僕以上のことをやってくれています。

僕自身も親父から「こう滑れ」なんて一言もいわれたことはありません。でも目の前で滑って見せてくれたり、映像を見せてくれたりしました。そういうことから知らず知らずに学んだ気がしています。親父がやってきたことを僕の時代に合わせてチューンナップして、新しい挑戦につなげてきたように思います。

なにが挑戦へと駆り立てるのか

記録をつくるよりも好奇心

振り返ると、子どもの頃から山スキーをしているときに、「あそこは越えられるかな」なんて考えていました。大きくなってからは、八甲田山でも岩木山でも日本アルプスでも、誰も滑っていないところがあると恐る恐る滑ったりしていました。自分のスキーで雪崩を起こしたりすることもあって。登山者が少なかったからできたことですが、今ではとてもできないですね。

34歳のときには、パラシュートを使って、富士山を直滑降しました。大阪の講演に向かう新幹線の中で思いついて。ちょうど窓から富士山が見えたんです。なんだかピンときて、ポケットからノートを出して富士山をスケッチしました。

大阪から帰京したらすぐに防衛庁（現・防衛省）を訪ねました。それまでも防衛庁にはスピードスキーの研究でいろいろお世話になっていて。飛行機が短い滑走路で着陸する際に使うドラッグシュートというパラシュートを応用すれば直滑降できるのではないかと相談に行ったんです。そしたら、スピードをコントロールする方法としてのドラッグシュートの活用法を教えてくれました。訪ねたときは年末で、防衛庁は仕事納めでね。そんななか、雪の中でパラシュートを使いながらスキーで下りられるかを計算して、時速170〜180キロ、直径2メートルくらいのパラシュートが最適だろうと計算してくれたんです。ちょうど小さなロケット用のパラシュートが実験用にあるからといって、すぐに持ってきてくれて、さっそく廊下で走ってみたら、パーッと凧みたいにパラシュートが開いて。仕事納めの日ですから、廊下には勲章をたくさん付けた偉い人もいて、僕を見て驚いていたのを覚えています。漫画みたいですけども。

この準備期間中にアキレス腱を切ってしまい、1ヶ月ほど入院したので、リハビリを1年間してから臨むことになりました。いざ本番では、空から下りるときに使うパラシュートと同じようなザックを背負って滑りました。コードを引っぱるとピンが外れて、パラシュートが開くシステムでした。山頂から500〜600メートルあたりで開きましたね。3メートル滑ってパラシュートで50メートルくらい飛んで、というのを何度も繰り返しました。

その頃、東京女子大の山岳部出身で前千葉県知事の堂本暁子さんがTBSのプロデューサーをしていました。僕が富士山の挑戦を公表したら、特別番組をつくって、世界に配信してくれて。僕のパラシュート降下映像がフランスの山岳関係者の目にとまって、いまのパラグライダーが生まれるきっかけになったんです。

38歳のときには、世界初エベレスト8100メートル地点からのスキー滑降に加えて、7980メートル地点からの直滑降。51歳のときには南極最高峰ヴィンソン・マシフへの登頂とスキー滑降を成功させました。そして53歳で南米最高峰のアコンカグア登頂と滑降で世界7大陸最高峰のスキー滑降を全て終えたのです。

原動力は、何かの記録をつくりたいという気持ちより、好奇心。登山家に「そんなところでは滑れない」と言われると、逆に滑りたくなる。僕はドキドキ、ワクワクすることが好きなんですよ。それには、新しいことに挑戦するのがいちばんです。

体とメンタルの整え方

では、どうやって次の挑戦を決めるか。

僕の場合はまず、「これがやりたい」と思ったら発表してしまいます。ただ発表までにある程度は準備をして、体調の上がり具合をみる。それで具体的に1年先くらいまで計画が見えてくると発表するんです。発表の時点では、できるかできないかわからない。でも、旗印を掲げてみる。そうすると引っ込みがつかなくなる。自分をのっぴきならない立場に追い込むわけです。

挑戦を重ねていくうちに、体もメンタルも強くなっていきます。挑戦に向かえるだけの体力がないと、メンタルももちろん落ちていきます。でも、挑戦に向かうときの始まりは、もっとも弱い状態、本当にこれでできるのかという状態であることが多い。70歳でエベレストに登ろうと決めた65歳のメタボのときなんかは、札幌にある標高531メートルの藻岩山《もいわやま》にも途中までしか登れないような状態でした。狭心症の発作に始まり、50代で怠けた生活を送っていたツケが、生活習慣病として現れていましたからね。なんとかこれを治してエベレストにチャレンジしようと思い立ったんです。

76歳で骨盤、大腿骨頸部骨折の大けが

挑戦すると決めてからも、いろんなことが起こります。僕は病気や怪我の状態でも、周りの声はあまり気になりません。自分のことだけに集中して、治っていく過程を楽しんでいます。

75歳のときに、80歳でエベレストに再挑戦しようと決めたのですが、その翌年76歳

のときにスキーのジャンプで失敗して、大腿骨頸部と骨盤など5ヶ所に及ぶ大きな骨折をしてしまいました。このときは医者から「運がよくても車いすの生活だろう」と言われました。70代で下半身の骨を折ったら、10人のうち3人くらいは寝たきりになるといいます。それでもなぜか「絶対に治る。治してエベレストに登るんだ！」という気持ちが強くありました。

そういう気持ちでいると、はじめは寝返りさえ打てないような状況でも、まずは寝返りを打てるように頑張ろうと思うわけです。それができるようになると、次はなんとか平行棒を頼って歩いてみよう、とこうなるわけです。そんなふうに一つひとつできるようになるのが嬉しいんですね。

少しずつ回復していくプロセスを体中が喜んでいる。これがいいんです。骨折したんだからもうダメだ、再起不能だと思うんじゃなくて、治ればエベレストに登れるんだと思いながらリハビリしていました。人生にはこんな嬉しいことがあるんだと思いながら、できなかったことができる喜びを噛みしめていましたね。

入院してからほぼ2ヶ月半で車いす生活になり、その次は松葉杖。松葉杖生活のときには、札幌の町を散歩していて、カラスにまでバカにされましたよ。カラスが僕の頭の上ギリギリをすーっと飛んで、少し先の電信柱に止まってこっちを見ながらカーッと鳴くわけです。僕が歩くとまた頭の上をさーっとかすめて、少し先で止まってこちらを見ている。「このじいさん、弱っているからいじめてやろう」という気配を感じました（笑）。

家族は「これで、80歳のエベレストは無理だろう」と思っていたので、僕が怪我をしたことで逆に安心したようでした。挑戦を諦めてくれるだろうと。ところがしぶとくリハビリしてトレーニングを再開して、３年がかりで復活したんです。

そうはいっても、怪我を治した後も順風満帆だったわけではありません。エベレスト挑戦の半年前にトレーニングとテストを兼ねてヒマラヤに登ったときには、ひどい高山病にかかってしまいました。自分の不注意で虫歯を完全に治さずに行ってしまったんです。３５００メートルまで行ったら高山病で頭が痛くなり、免疫力が落ちて左奥歯が腫れて、夜も寝られないくらいになりました。山奥に歯医者なんていないですから、歯医者の心得のあるおばあちゃんがいるとシェルパが探してきてくれて、牛小屋の上にある診療所に行きました。「外国人は痛みに弱いから」と一応、局部麻酔をしてくれたんですが、麻酔が効き始める前にぐいっと歯を抜かれて。でも、4～5日したら痛みは引きました。

その後、トレーニングのために6119メートルのロブチェ・ピークに登る予定だったんですが、5200メートルまで登ったら不整脈が酷くなってしまって、同行していた医師の大城和恵先生が「帰って手術しましょう」とおっしゃいました。

それで帰国して土浦協同病院に行き、手術です。3日くらいで退院できる予定が、リハビリを急ぎ過ぎて、今度は仕事で訪れた大阪でインフルエンザにかかってね。熱が40度近くまで上がり、階段で気を失うまでになって、すぐ戻って病院で心臓の電気ショックを受けました。心臓が微動状態になってしまったんです。

挑戦に向けた出発は翌年3月中旬の予定で、このときはもう12月。こんな状況では普通の生活も危ないので、もう1回手術した方がよいと言われました。ただ病院の受け入れの都合で、1月15日でないと手術はできないというので、それまで薬で抑えました。それでようやく手術を終え、3月には山岳ガイドの倉岡裕之君、クライマーでカメラマンの平出和也君、次男の豪太とともにヒマラヤに出発します。途中のナムチェバザールまで行ければ上出来だと思われていたんですが、僕は頂上まで登る準備をして行きました。周りは絶対に今回は登頂は無理だと思っていたようです。

80歳にして気づいた「年寄り半日仕事」

そんな状況下で私が思い出したのは「年寄り半日仕事」という言葉。昔の農家の人たちは朝から晩まで忙しく働いていましたが、さすがに年を取ってくると体がいうことをきかない。それで生まれたのがこの言葉です。この言葉を思い出して、山登りもこれでいったらいいのではないかと考えました。それで、手術からエベレストのベースキャンプに入るまでの期間を全部リハビリの山歩きにしたんです。

ふつう、ヒマラヤでナムチェから3900メートルのシャンボチェへ登るときは、朝出発して夕方にシャンボチェへ着くわけですけれども、その頃にはだいたいフラフラになっています。空気も薄いし寒くて、誰でも高山病にかかりやすくなる。

こんな登り方をしていては、年寄りは死んでしまいますから、「年寄り半日仕事」と決め、朝ゆっくり出発して2時間ほど歩いてお昼にご飯を食べ、そこで行程を終了することにしました。お昼ご飯の後は大好きな昼寝をして、目が覚めて午後3時くらいになったら、景色を眺めながら何も持たずに散歩する。これを20日間繰り返しました。

そんなことをしながら５３００メートルのベースキャンプに辿り着いたら、以前より心臓の具合がとてもよくなっていて、足腰の筋力もエベレストに挑戦できるまでに鍛えられていました。「年寄り半日仕事」を実践したお陰で、80歳でエベレスト登頂に成功できたわけです。

考えてみれば、30代や40代の頃は歩くスピードももっと速かった。みんなは夕方頃に次のキャンプに着くのに、僕とシェルパだけはお昼頃にもう着いていました。そうすると時間がありますから、テントの中で昼寝をしたり音楽を聴いたりできたんです

2013年、80歳でエベレスト登頂を果たす

ね。その休憩タイムで実はかなり回復していたんだと思います。

歳を取ると動くスピードは遅くなりますけど、その分、移動するのを早く切り上げて、のんびりと午後を過ごせばいいんだと気づいたわけです。

60代で山登りを再開した当時は、人より歩くのが遅くて全員に追い越されていました。お昼に着くはずなのに夕方フラフラになって到着したりして。その頃はそれでもなんとかなっていましたが、80歳となると同じようにはいきません。

そんなわけで、80歳の挑戦のときには、ベースキャンプから頂上へ登るまでに設営するテントを2つ増やしました。そうすると、テントからテントへ移動する距離が短くなり、一日の行程も短くできます。

高山の楽しみ

高所というのは、体質によって向き不向きもあるんです。僕も豪太も、一緒に行く登山家たちもわりと高所に強いんですね。ですから、「８０００メートルで眠れるなんてこんな贅沢なホテルはない」と夜に星を見たりして、高所ライフを楽しんでいます。夜空がものすごく綺麗なんですよ。宇宙にはこんなに星があるのかと思うくらい。手を伸ばしたら、空がザラザラするような感じで、まさに地球と宇宙の接点で星空を眺めているわけです。

寒さはそれほどでもありません。南極の方が遥かに寒い。マイナス60度でしたから。日本から持っていったマイナス40度まで測れる温度計では測れなくて、アメリカの登山家たちが持っていたマイナス１００度まで測れる特殊な温度計で測ったらそれくらいでした。今日はちょっと温かいなと思って測るとマイナス38度とかね。南極には音がまったくなくて、ブリザードがくると、ジェット機が近くに飛んできたくらいに轟音が響き渡るんです。

九死に一生を得る

１９８３年に南極最高峰のヴィンソン・マシフに登ったときには、危機一髪で命拾いしました。

４５００メートルくらいまで登ったところで、最終アタックのチャンスが来ました。その前に氷河の岩陰で紅茶を飲んでひと息つこうと思ったら突風が吹いて、ミトンの手袋をした手にざばーっとお湯がかかってしまいました。マイナス45度近い中で風も吹いていますから、一瞬にして手袋が凍り始めて。手がやけどしたくらいに熱くなったと思ったら、今度はどんどん指から凍っていく。手の指から手首、肘まで、もうまったく動かない。ホラー映画みたいですよ。

僕は、このままでは死んでしまうと思いました。でも手が動かない。そのとき、アイゼンの紐が緩んでいたんですが、自分では結び直すことができないので、一緒に行っていた前田泰次郎に、「アイゼンを締め直してくれ」と頼んで、直してもらいました。

それから凍った手袋を外して、スペアの乾いた手袋に代えました。でも手は凍ったまま。普通、凍傷になったら、ゆっくりぬるま湯につけながら溶かしていくんですが、アタックの最中ですからどうにもできない。そこで考えたのは、自分の体温を上げることでした。

自分の体温が上がれば、凍った手も溶かせるだろうと考えて、スキーとザックを全部担いで、マスクも着け直しました。次のキャンプまでは登りで3時間くらいかかりますけど、下のキャンプなら1時間くらいで行けるので、下のキャンプ目指して急いで走り出しました。高所で酸素が薄くても、下りなら呼吸ができて、走れますからね。

500メートルくらい走ったら、だんだん汗をかき始めて体が温かくなってきました。凍っていた手が徐々に溶けていくのもわかるんです。テントに着くまでに40分くらい走り通したと思うんですが、まだ手はしびれていたものの、凍ったところは全部溶けていました。

もしあのときにどうしようかと躊躇《ちゆうちよ》していたら、片手は完全に凍傷で失われていたでしょう。本能的にそのときベストな行動を思いついて、生き延びたんです。

この話を医師で登山家の今井通子さんに話したら、「そういう方法もあるのね」と感心されました。南極で冷凍人間になるのを運よく防いだエピソードです。ただ、これが1人だったら死んでいたでしょうね。パートナーがいてアイゼンの紐を結び直し

1983年、南極大陸最高峰ヴィンソン・マシフ登頂後、スキー滑降

てくれたから、走ることができたんです。

その5年ほど前に南極の無名峰をスキーで滑ったときは、大きな雪崩に巻き込まれました。

急斜面を1〜2時間登り続けて、あと少しで頂上というところで、途中にあった段差に腰掛けて紅茶を飲んだりお菓子を食べたりしていました。40度近い斜面でしたが落ちても死なないだろうと思って、そこまではロープを結ばずにフリークライミングで登ってました。僕は先頭だったんですけど、休憩を終えて一歩踏み出すとき、ちょっと考え直したんです。このときは映像班が入っていたので、ロープで仲間同士でアンザイレン（安全のために互いにロープで体を結び合うこと）した方が絵的に見てカッコいいだろうと思ったんですね。

僕がロープを持っていたので、準備して3人で結びました。結び終えて、さあ行こうと踏み出した途端にいきなりクレバス（氷河の割れ目）に落ちました。気がついたら、氷の壁に40メートルくらいぶら下がって宙づりになっていました。ふと見上げると10メートルくらい上にもう1人仲間が落ちているのが見えます。運よく助かったのは、僕がクレバスに落ちた瞬間に、3人のうちの1人が咄嗟に反対側の斜面に下りてピッケルで止めてくれたからなんです。それで全員、命が助かった。ふと思い立ってアンザイレンをしたから助かったんですね。

これにはまだ続きがあります。

なんとか助かったので頂上アタックは諦めて、スキーで滑って下りようということになりました。僕がスキーを着けて10メートルくらい滑った途端に、今度は足もとが崩れ始めたんです。上の方の雪も崩れてくる。雪崩の中に自分が入っていたわけです。そこから、1000メートル級のものすごい大きな雪崩が始まって。もうこれは助かるわけはないと思ったんですね。ところがそのとき、こうも思いました。これで運よく助かったら、こんな贅沢な人生はないな、と。そんなことを思いながら気を失っていきました。

雪崩というのは時速300キロくらいで落ちていきますから、洗濯機の中の衣服のようにグルグル揉まれます。そしてふと気がついたら、急斜面から滑り落ちた雪崩がデブリ（雪塊）になっていて、そのいちばん上に僕はスキーを履いたまままちょこんと胡座をかいたように座っていました。

ああ、また助けてもらったと。神様仏様がもう一回、僕に人間をやりなさいと言ってくださったんだなと思いました。雪崩が起こると50センチくらいの雪の塊が落ちてきますから、当たったら一発で死んでしまいます。ところが、雪の塊の上に、ぽーんと浮かんでいたんですよ。

このときの様子は映像でも残っています。クレバスに落ちて命拾いして、今度は雪崩で命拾いして。一難去ってまた一難でしたけれども、助かったというより、助けてもらったという気持ちが強かったですね。ただ一緒に行った仲間には心配をかけたなと思います。

こういうとき、不思議と恐怖はないんです。「あれ、助かった」と喜ぶだけで。撮影を中止してテントに戻ったら、みんなも「よかったね、命拾いして」くらいなもので、次の日はまた違う山に登って滑っていました。

挑戦には「ここまで来た奴はいないだろう」という世界に迷い込む楽しさがあります。当然そんな世界では、失敗して命を落とす仲間もいます。でも誰も自分が死ぬとは思っていない。だからやり続けるんです。

あとは、運がいいか悪いかだけ。極限に惹かれる理由？　そこに極限があるからですかね（笑）。

山のパートナー

大滝勝という登山家でカメラマンの男がいて、いちばん長く一緒に登ったパートナーでした。１９７０年エベレスト直滑降や先ほどの南極の雪崩、１９８１年の親子３代のキリマンジャロでのスキー滑降なども撮ってくれましたが、残念ですが２０１４年にこの世を去りました。自分が85歳になってみたら、周りの登山家はもうほとんどいない。残っているのはごくわずか。

パートナーというのは、こいつにならら命を預けてもいい、と思える存在です。挑戦を終えて日本に帰れば一緒に飲みに行くし、いちばん気の許せる友だちでもあります。今はみんな僕より若い連中ですね。登山家として一流の技術を持っていることが第一。それに加えて、我々は冒険を映像に残す仕事もやっていますから、カメラを回せる人と組むことが多いんです。

大滝が撮ったエベレスト直滑降の映像は1976年にアカデミー賞（長編ドキュメンタリー部門）を受賞しましたし、南極で雪崩に巻き込まれたときの映像は、ニューヨーク映画祭でゴールデンイーグル大賞を受賞しました。

これがプロスキーヤー、プロ登山家としての仕事だと思っています。映像に残す、テレビで放映するのがプロじゃないかと。スポンサー企業も支援してくれているわけですから。映像チームが同行してくれるのはほんとに楽しいんです。だからこそ格好よく滑りたいとも思います。

極地での食事

さっき、お菓子の話をしましたよね。山で食べるお菓子として「スペシャルミウラケーキ」というのがあります。玄米粉、全粒のそば粉、黄粉、ごまの粉など脱穀しない穀類を10種類くらい合わせます。製菓の素材なんかを扱っているお店に行くと、原料が売っていますよね。それにクルミ、カシューナッツ、プラム、レーズン、黒砂糖と粉ミルクを加えて、水は使わずに卵で溶きます。粉類は全部一緒に混ぜておいて日本から持っていき、卵は現地で手に入れて、焼いてパンケーキにして、ハチミツをかけて食べます。フルーツナッツケーキみたいなもんですね。飲み物は紅茶、珈琲などをよく持っていきます。

山に登るときのご飯は、簡単に調理できるアウトドア用のレトルト食品がメインです。体温を上げるためにはたんぱく質、脂質が必要です。昔は国産バターやチーズを持っていったんですが、当時（30年以上前）の製品は全部凍ってしまったんですよ。でもアルゼンチンの農家から買ったバターやチーズはマイナス40度でも凍らなかった。

脂肪分の量が違うのかもしれませんね。

　ほかにいつも持っていくのはビタミンやサプリ、スルメや鮭のトバなんかの干物かな。築地でごっそり買い込んでいきます。しっかり食べているとやる気も力も出ますからね。しっかり食べて、ぐっすりとよく眠ります。

生きることと、死ぬこと

境界線と運

２０１８年５月、登山家の栗《くり》城《き》史多《のぶかず》君がエベレストで亡くなりました。彼はよくミウラ・ドルフィンズに来て、トレーニングをしていたんです。彼はエベレスト無酸素単独登頂に挑戦していて、７回失敗して今回が８回目だった。

人間って、１回チャレンジしてみると、目標にしていることが可能か不可能か見えてくるものです。それでも彼は４回、５回と続けていた。ある意味それが彼にとっての生き様でチャレンジを続けていたわけだけれど、どこかで限界を見極めている部分もあったのではという気がします。今回はその一線を越えてしまった。無酸素単独登頂というのは、彼にとっては不可能だったということです。本人もそれを知っていたと思うんです。

　何度途中で引き返しても再チャレンジする。でもどこかで、こうなるだろうということは本人も覚悟していたと思います。とても心が優しく輝きをもった、いい青年でした。


　情報が溢れているいまは、昔と比べて挑戦の意味合いも変わってきました。10代の女の子でもエベレストに登れたりするわけです。もちろん10代は僕なんかよりずっと体力はあるわけですけどもね。そうなると、栗城君のようなスタイルで登らないと、挑戦としてなかなか評価されなくなってきた。

　挑戦の内容がよりハードになり、よりリスクも高くなっている。ヒマラヤ登山の場合、それを世の中から挑戦として評価してもらうには、厳しさが一段も二段も上がっていると思います。

ビッグチャレンジは技術力、体力、経験といった総合力で成し遂げることができます。加えて、挑戦を可能にする方法やシステム、事前の準備も大きな要素です。

僕の場合は幸いなことに、実力あるサポートチームがいます。豪太、貫田宗男さん、倉岡裕之さん、平出和也君、シェルパといった最強のチーム。こういう人たちのサポートがあって、初めて成功できる。自分のチャレンジの大きさに応じて、そのスケールに見合うチームが必要になってきます。すべてが揃っていないとダメなわけです。

ここから先に行ったら生きて帰れないという境界線が、それぞれのプロジェクトごとにあります。天候であったり、本人の体調であったり、チームの力が伴わない場合は引き返す。そして前の挑戦を振り返りながら、再チャレンジする。修正したり工夫を加えたりしていく。それでもダメな場合は、三たびチャレンジということになりますけども。

挑戦を成功させるために必要なこと

1970年にエベレストのスキー滑降を成功させたとき、世間から「次は何か」と期待されました。それで「次は南極最高峰のヴィンソン・マシフです」と公言しました。それから何度か遠征の計画をたてたものの、いずれも決行まで至らず、結局、13年の時を経て、1983年、6度目の挑戦でやっと達成することができました。

そのときはイギリスの著名な登山家クリス・ボニントンを隊長に、リック・リジウェイをもうひとりのリーダーとして、ほかにアメリカのワーナーブラザーズの会長をしていたフランク・ウエルズと、ダラスの大金持ちのディック・バスとチームを組みました。フランクとディックは僕の挑戦に影響を受けて世界7大陸最高峰登頂を計画していて、南極は一緒に行こうということになったんです。その昔、アメリカの海軍が総力をあげてヴィンソン登頂に成功したことがありましたけど、それ以来、誰も登ったことがない。民間人が南極の奥地に入る手段も手探りの状態でどうやって行っていいかもわからないからと。僕らが成功したときは、ジャイルス・クレイショウという天才的な極地飛行のパイロットも参加し、遠征に最適なチーム編成ができたんです。7大陸最高峰登山が人気となり、今はツアーで行けるようになりましたが、40年前は大冒険でした。

こんなふうに、挑戦を成功させるためにはいくつもの要素が必要になります。僕の場合、年齢という要素もあるわけですけども、病気や怪我をしても、大きな目標を掲げていくことで生命力は高まっているような気がしています。

あとは、その人自身が持っている運。前にも述べましたけれど、80歳でエベレストを目指したとき、準備中の骨盤・大腿骨頸部骨折に加えて、直前には不整脈手術を行うことになり、周りからは「来年に延ばそう」と言われたんです。それでも僕は絶対にやるんだ、やらなきゃいけないという想いにかられてチャレンジしました。

僕が登った翌年はアイス・フォールの崩壊、そして翌々年はネパールで大地震が起こって、エベレストのベースキャンプでもたくさんの人が亡くなりました。それから2年間は誰も登ることができなくなりました。もしあのときに挑戦を諦めて翌年に延ばしていたら、登頂のチャンスを逃していたかもしれません。

僕より若くて能力がある連中でも登れなかったという話が、いくつもあります。そういう意味では、非常に運がよかったと思っています。

1970年のエベレストのスキー滑降でも運よく生き延びた。普通では考えられないような運のよさで助かったことが何度もあります。


もうね、これは自分の能力じゃなくて、神様、仏様、あるいは運そのもののお陰だと思っています。そういうことがいくつもありすぎて、果たして生きて帰ってこられるのかという挑戦ばかりだったんですけれども、いままでは運よく命拾いしながら達成してきました。

1984年、植村直己さんがマッキンリーで遭難しましたよね。最後のキャンプまで下りたことはわかっている。植村さんほどの登山能力で滑落するわけがないんですよ。ただこのとき彼は、登山靴じゃなくて、北極地方で使う作業用のプラスティックブーツにアイゼンを着けていたんです。だからしょっちゅう、アイゼンが緩んで外れていた。植村さんのドキュメンタリーを撮り続けたテレビ朝日の大谷映芳《おおたにえいほう》さんという有名な登山家がいるんですが、彼がベースキャンプで植村さんの様子を見て、「その靴で登れるかもしれないけれど、何かあったときはどうなるんだろう」と思ったらしいんです。

そういう靴でトライしたことが、運が悪かった。

栗城君の場合は4度目の挑戦のとき、凍傷で手の指の大半をなくしている。残った指を見せてもらったけれど、よくあれで登っているなと。本当は凍傷で指を失った段階で、違う仕事に変えればよかったんでしょうね。ものすごく頭のいい若者で、文章力も高かったんです。もともと脚本家になりたかったと言っていましたからね。生きていくという意味では、単独無酸素にこだわる必要はなかったんです。それでも彼は挑戦し登り続けることを生き様として選んだ。

運がいいか悪いかは生き方も含めて、その時々にどちらの道を選ぶかとか、人との縁もありますね。今回も急に体調が悪くなったわけではないと思うんですよ。それを無理していて、帰りに体力が尽きてしまったのかもしれません。

僕は2018年、チョ・オユーに登る予定を諦めましたけど、もし登っていたら死んでいたかもしれない。そういう意味では、チベット登山協会が命を助けてくれたと思えばいい。ほかに登りたい山がいくつもあるわけですから。

正直言って、いまの体力ではチョ・オユーは無理かなとも感じていました。ですから止める理由という意味ではちょうどよかったのかもしれません。そう思った方が次のアコンカグアへの意欲が湧きます。

ダメなら諦める。山では「あと1時間登れば目標達成」というような場所でトラブルが起こったりします。それでも引き返す勇気といいますかね。生きて帰れば次のチャンスがある、という方を取るべきだと思うんです。

挑戦が生きる力を強める

80歳でエベレストに登ってから体力がかなり落ちました。同級生を見ると歩けなくなっている人も多い。いまのような超高齢化時代のなかでは、まず健康であることがいちばん。

アコンカグアという山は、タフな一流の登山家でも憧れる山のひとつです。86歳で果たして登頂できるかどうか。

僕の場合は山そのものよりも、自分の年齢に対するチャレンジです。

高齢化社会が進んで、介護が必要な人が急激に増えたことで、その対応のために国家予算の3分の1くらいが使われています。日本はどんどん貧乏になっている。挑戦という目標があれば、年をとっても健康で元気で生きられる。怪我や病気をしても、そこから回復できる。

そういうことを、僕自身がひとつのロールモデルとして伝えられたらと思います。まぁ単純に、86歳で登ってみたいという想いだけなんですけど（笑）。社会的な意味を見出すとすれば、そこになるのかなと。

70歳でエベレスト登頂を果たした後、ずいぶんと講演を行ってきました。沖縄の那覇で講演したとき、会場に来るときは車いすで入ってきたおじいちゃんが、話を聞いた後に「自分で歩く」と言って歩いて帰ったというエピソードもあります。

どこかで講演したときは、若いお嬢さんが2人ホールの玄関で待っていて、「うちのおじいちゃんが三浦さんのお話を聞いて『俺もやるぞ』と言って、むかし好きだったのにできなくなっていた庭の手入れを突然始めたんです」と話してくれたり。

僕の挑戦をみて、「こんな人がいるんだ」と、高齢者の方たちの生きる糧になって、それぞれが自分なりのチャレンジを見つけてくれたら嬉しいですね。

クラーク記念国際高等学校でも、挑戦の話を若い子らにするんです。そうすると「俺たちも頑張ろう」と生徒たちは真っ直ぐに受け止めてくれます。

逆に、僕が勇気をもらうこともあります。2018年平昌《ピョンチャン》オリンピックの高木菜那ちゃん、高木美帆ちゃん姉妹の活躍やジャンプの葛西紀明さんとかね。年齢に関係なく、チャレンジすることは素晴らしい。生きる力をさらに強めてくれます。

これは人類の原点なのではないですかね。チャレンジしている人から力をもらうということは。だって、ほかの動物にはそんなことできないわけですから。

上機嫌の楽天家

基本的には僕は脳天気で楽天家、なんとかなるよと生きています。どうしようもなくても、とにかくやってみよう、というところから始めます。やってダメなら諦めればいい。人間というのはおかしなもので、最初は失敗しても、繰り返すことで、だんだん止めるのがもったいなくなるんです。せっかくだからとことんやってみようと。それで挑戦を続けているのかもしれませんね。

あと、思い切って人に話してしまうことも大事。ときどき思うんですよ、今回はダメかなと。そういうときには、言わなきゃよかったと思うことだってあります。でも人に話したのにやらなかったら「嘘つき」と呼ばれてしまう。それが嫌で、なんとかやってみようと頑張るわけです。

始めから「これは絶対にできる」と自信を持って臨んだことは一度もないですよ。どうなるんだろうと、いつも不安を抱いてきました。でも最後は開き直ってしまうんです。

挑戦を公言することで応援しようという方が声をかけてくれます。僕の場合はほんとに運がよくってね。サントリーの元会長である佐治敬三さんは、エベレストに挑戦する前から僕のやることに興味を持ってくださった。こちらからお願いに行ったのではなくて、逆に「話をしに来なさいよ」と言ってくださった。明治乳業（現・明治）の中山悠《ひさし》会長（当時）も声をかけてくださって。ゴールドウインの西田明男社長も30年近くのお付き合いです。他にも多くの方々がご支援くださっている。

だからこそ、気をつけているのは「上機嫌」であること。会ったときに上機嫌の人の方が嬉しいじゃないですか。だから体調がちょっとくらい悪くても、人に会うときには上機嫌でいようと思っています。

挑戦とは夢見ること

僕が挑戦を続けられる理由？　そうだな、僕は誰よりも臆病なんですよ。危ないと思ったらすぐに引き返す。「山勘」がいいとはよく言われますよ。僕が引き返す、ここで止めると言って戻ったときなど、あとで調べてみると大きな雪崩が起こった場所だったりします。

あと僕は寒がり、暑がり、末端冷え性でね。だから体には人一倍気を遣っています。それが凍傷なんかを防いでいるのかもしれませんね。エベレストに登るときの最終アタックなんて、手首、足首、お腹に使い捨てカイロを10個はつけています。エベレストを登っていると、氷壁で向こうから来る別のパーティを10分くらい待たなければいけなかったりするんです。汗をかいていますから、ちょっと立ち止まると冷えてくるわけですね。そんな中でも僕はカイロをつけているんでポカポカです（笑）。


もちろん、苦しいこともたくさんありますよ。でも何かあっても笑って死ねればいいと割り切ってますから。死ぬほど苦しいときだって、減らず口をたたいて冗談を言っています。口もきけないくらい疲労困憊し、死んだ方がマシだと思うくらいにつらいときもありますけどね。

僕にとってチャレンジとは夢見ることなんです。それがたまたま山の世界だった。

いまは年齢という新たな限界にも挑んでいますけどね。生きている限り、その時代ごとの人類の限界に挑んでいきたい。それだけなんです。

ひとに追い越されてもいい。追
いつけなくてもいい。あせらず。
あわてず。自分のペースで。一歩
づつ。あきらめなければ。いつか
夢の頂上に立てる
だめだったらやり直せばいい
夢いつまでも

略歴

一九三二年　〇歳　一〇月一二日、青森県青森市で、父敬三・母むつの長男として生まれる。日本の山岳スキーの第一人者である父の影響で、幼い頃からスキーを始める。

一九四二年　一〇歳　父に誘われ、山形蔵王から仙台まで山越えを行う。

一九四九年　一七歳　初めて参加したスキー大会「岩木山弾丸滑降」で優勝。

一九五一年　一九歳　全日本スキー選手権大会の滑降競技で2位に入賞。

一九五二年　二〇歳　青森県高等学校スキー大会で3年連続個人入賞。

一九五六年　二四歳　北海道大学獣医学部卒業。同大学獣医学部薬理学教室教官助手となる。妻・朋子と結婚。

一九五八年　二六歳　全日本スキー選手権青森県予選閉会式で、全国大会への派遣人数をめぐりスキー連盟関係者と対立、アマチュア資格を剝奪される。

一九六一年　二九歳　長女・恵美里が生まれる。アメリカ世界プロスキー協会の会員となり、以後、世界のプロスキーレースに参戦。

一九六四年　三二歳　イタリア・キロメーターランセに日本人として初めて参加し、世界新記録樹立。
一九六六年　三四歳　スキー界初のパラシュートブレーキを使用し、富士山スキー直滑降。オーストラリア大陸最高峰コジアスコ（2245メートル）スキー滑降。長男・雄大が生まれる。
一九六七年　三五歳　北米大陸最高峰マッキンリー（6194メートル）スキー滑降。
一九六八年　三六歳　メキシコ最高峰ポポカテペトル（5452メートル）スキー初滑降。
一九六九年　三七歳　南米パイネでスキー初滑降。八月、次男・豪太が生まれる。
一九七〇年　三八歳　アジア大陸最高峰エベレスト・サウスコル（8100メートル地点）からスキー滑降。記録映画『THE MAN WHO SKIED DOWN EVEREST』となる（七六年アカデミー長編ドキュメンタリー映画賞受賞）。
一九七四年　四二歳　親子3代でヒマラヤ遠征。
一九七七年　四五歳　南極スキー滑降。
一九七八年　四六歳　北極圏最高峰バーボーピーク（2604メートル）スキー滑降。
一九八一年　四九歳　アフリカ大陸最高峰キリマンジャロ（5895メートル）に親子3代で登頂、スキー滑降。
一九八三年　五一歳　南極大陸最高峰ヴィンソン・マシフ（4897メートル）に登頂、スキー滑降。
一九八五年　五三歳　ヨーロッパ大陸最高峰エルブルース（5633メートル）に登頂、スキー滑降。南米大陸最高峰アコンカグア（6961メートル）に登頂、スキー滑降。この成功により、世界初の7大陸最高峰からのスキー滑降を達成。
一九八七年　五五歳　日本プロスキー連盟設立、会長就任。

一九九三年　六一歳　広域通信制高校・クラーク記念国際高等学校校長就任。
二〇〇〇年　六七歳　ヒマラヤ・ゴーキョーピーク（5360メートル）にクラーク国際高等学校の生徒を連れて登頂。
二〇〇一年　六八歳　四月、ヒマラヤ・メラピーク（6476メートル）にクラーク国際高等学校の生徒を連れて登頂、スキー滑降。一一月、ヒマラヤ・アイランドピーク（6186メートル）登頂。
二〇〇二年　六九歳　四月、ヒマラヤ・パルチャモ（6187メートル）登頂。五月、ヒマラヤ・チョ・オユー（8201メートル）に次男・豪太と登頂。
二〇〇三年　七〇歳　エベレスト（8848メートル）に次男・豪太と登頂。当時のエベレスト登頂最高年齢記録（七〇歳二二三日）及び、日本人親子同時登頂記録を樹立。
二〇〇六年　七三歳　五月、ヒマラヤ・シシャパンマ（8027メートル）に次男・豪太と遠征。7000メートル到達。一二月、心房細動・不整脈治療のため手術（以後、6度の手術を受ける）。
二〇〇八年　七五歳　2度目のエベレスト登頂。
二〇〇九年　七六歳　スキー中に骨盤と大腿骨骨折。全治6ヵ月の診断を受けるも2ヵ月で退院。
二〇一一年　七八歳　ヒマラヤ・メラピーク（6476メートル）登頂。
二〇一三年　八〇歳　世界最高齢でエベレストに3度目の登頂。
二〇一八年　八六歳　一二月、アコンカグア（6961メートル）への挑戦を発表。

のこす言葉 KOKORO BOOKLET

三浦雄一郎 挑戦は人間だけに許されたもの

発行日――２０１９年２月６日 初版第１刷

著者――三浦雄一郎

編・構成――千葉弓子

発行者――下中美都

発行所――株式会社平凡社

〒１０１-００５１ 東京都千代田区神田神保町３-29

電話０３-３２３０-６５８３〔編集〕

０３-３２３０-６５７３〔営業〕

振替００１８０-０-２９６３９

印刷・製本――シナノ書籍印刷株式会社

写真――名取和久、ミウラ・ドルフィンズ

装幀――重実生哉

ISBN978-4-582-74114-8

ＮＤＣ分類番号９１４・６ Ｂ６変型判（１７・６cm） 総ページ１１２

平凡社ホームページ http://www.heibonsha.co.jp/

乱丁・落丁本のお取替えは小社読者サービス係まで直接お送りください

（送料は小社で負担いたします）。